lex:tra

DIE SKORPION-FRAU

Von Roland Dittrich

Illustriert von Patrick Rosche

Cornelsen

DIE SKORPION-FRAU

Roland Dittrich
mit Illustrationen von Patrick Rosche

Redaktion: Kerstin Reisz
Layout und technische Umsetzung: Annika Preyhs für Buchgestaltung+
Umschlaggestaltung: Cornelsen Verlag Design

Bildquellen

S. 36: © Wikipedia, Creative Commons, Mira Mazurkiewicz
S. 36: © Wikipedia, Creative Commons
S. 36: Heidelberger Studentenkuß® / © Chocoladenmanufaktur & Chocolaterie KNÖSEL® GmbH, Anita Knösel
S. 37: © Wikipedia, GNU, Reinhard Wolf
S. 37: © iStockphoto (RF), Manuela Weschke

www.lextra.de
www.cornelsen.de

1. Auflage, 1. Druck 2011

Druck: CS-Druck CornelsenStürtz, Berlin

ISBN 978-3-589-01843-7

Inhalt gedruckt auf säurefreiem Papier aus nachhaltiger Forstwirtschaft.

INHALT

Die beigelegte Audio-CD macht diesen Krimi auch zum vergnüglichen Hörerlebnis.
Sie können diese spannende Geschichte in Ihren CD-Spieler einlegen oder über einen mp3-Player zu Hause, bei einer Auto-, Zug- oder Busfahrt anhören und genießen.

PERSONEN

Karla Kühn, 24 Jahre
Studentin der Germanistik
an der Universität Heidelberg,
schreibt ihre Examensarbeit

Dr. Andreas Möller, 36 Jahre
Dozent für Germanistik
an der Universität Heidelberg,
Freund von Gerd Eisenbart

Prof. Gerd Eisenbart, 48 Jahre
Professor der Geschichte
an der Universität Heidelberg,
Freund von Andreas Möller

Markus Berg, 28 Jahre
Detektiv und freier Journalist

Dr. Elisabeth Aumann, 32 Jahre
Kurzform „Lisa“,
Detektivin

gemeinsame Detektei SIRIUS in Köln

ORTE DER HANDLUNG IN HEIDELBERG

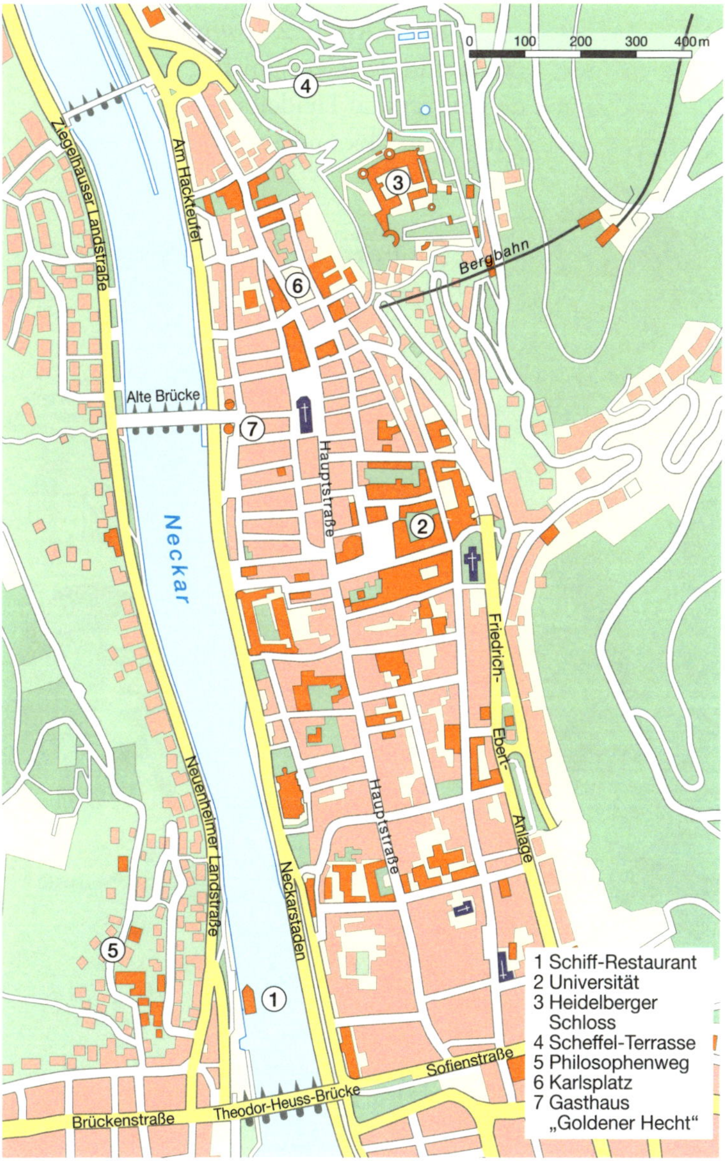

KAPITEL | 1

„Alt Heidelberg, du feine …“

Andreas Möller singt leise das alte Lied und schaut auf Heidelberg und das Schloss. Vom Schiff-Restaurant direkt am Neckar kann man alles so schön sehen! Neben ihm sitzt Karla Kühn. Sie hat ganz andere Gedanken.

„Du, ich habe Angst“, sagt sie leise.

„Karla, ich weiß, es ist nicht leicht, und Professor Lütgen ist streng.“ Andreas versteht sie.

„Wenn du mir nicht hilfst, dann …“

„Natürlich helfe ich dir.“ Andreas will sie beruhigen. „Mit meiner Hilfe wird auch deine Examensarbeit fertig.“ Andreas legt den Arm um sie.

„Bitte nicht hier, die Leute …“

Plötzlich steht sie auf: „Da kommt dein Freund, dieser Eisenbart, ich gehe jetzt lieber.“ Und schnell ist sie weg.

Die beiden Freunde, Andreas Möller und Gerd Eisenbart, begrüßen sich: „Hallo, Gerd!“

„Grüß dich, Andreas, wie geht's denn?“

„Gut geht's – wunderbar!“

„Denke ich auch. Da war doch gerade diese Frau an deinem Tisch – eine Studentin?“

„Stimmt.“

„Schau mal, das ist ja komisch: Die hat etwas auf ihrer Schulter.“

„Ja, ein Tattoo – einen Skorpion!“

10 beruhigen: ruhig stellen

11 die Examensarbeit: schriftliche Hausarbeit vor dem Examen

24 die Schulter: Körperteil oben am Rücken

„Aha!“ Gerd bestellt einen Kaffee.
„Andreas, wer ist diese nette Frau? Sag schon!“
„Das ist eine Studentin von Professor Lütgen. Sie schreibt gerade ihre Examensarbeit“, sagt Andreas schnell.
„Und du hilfst ihr!!“
„Na klar, ich helfe Studenten oft …“
„Und das ist alles, sonst ist nichts? Andreas!“
„Wir sind uns sympathisch, und …“
„Andreas! Mir kannst du’s doch sagen.“
„Gut, wir sind Freunde, gute Freunde. Das ist alles.“ Andreas will nicht weiter über sie sprechen.
„Da ist noch etwas, dieser Skorpion auf ihrer Schulter.“
„Na und? Karla hat das Sternzeichen Skorpion.“

13 das Sternzeichen: im Horoskop für jeden Monat

„Andreas, du weißt, was man sagt ...“
„Skorpione sind gefährlich, aber auch sehr interessant. Gerd, ich weiß das schon.“
Gerd trinkt seinen Kaffee aus und schaut Andreas ernst an: „Gefährlich, was du machst. Ich habe kein gutes Gefühl ...“
„Gerd, du siehst Gespenster. Mach dir keine Sorgen.“
„Hoffentlich.“ Gerd verabschiedet sich: „Ich muss jetzt gehen. Du weißt, ich bin ein halbes Jahr an der Universität Boston. Morgen fliege ich.“
„Viel Erfolg! Komm gut wieder!“
„Andreas, noch einmal: Bitte pass auf dich auf.“ Gerd geht. Und da ist auf einmal ein Schatten hinter Andreas. Er fühlt es – die Skorpion-Frau ist wieder da.

5 das Gefühl: etwas fühlen

6 du siehst Gespenster: du denkst falsch, da gibt es keine Probleme

7 sich verabschieden: mit einem Gruß weggehen

KAPITEL | 2

DETEKTEI SIRIUS

Dr. Elisabeth Aumann
Markus Berg

Glockengasse 12/III
D-58821 Köln
Tel. 0228/35127-0
E-Mail: info@Sirius.com

Aus der Detektei SIRIUS hört man Musik – Reggae. Markus und Elisabeth lesen die Post und trinken Kaffee.
„Lisa, schau mal, da ist das Honorar von der Stadt Köln!"
„Was für ein Honorar?"
„Weißt du nicht mehr? – Wasser im U-Bahnhof ..."
„Genau. Und wir von SIRIUS hatten die richtige Idee: Ein Angestellter von der Stadt war es!"
Beide lachen.

1 die Detektei: das Detektivbüro

3 das Honorar: Geld für ihre Arbeit

„Markus, da ist eine neue E-Mail, sieht wichtig aus."
„Zeig mal ..."
„Die ist von einem Professor Eisenbart aus Heidelberg."
„Lisa! Heidelberg! So eine wunderbare Stadt – und da gibt es ein Problem?"
„Lesen wir doch erst einmal."

Sehr geehrte Damen und Herren,

ich schreibe Ihnen, denn ich brauche Ihre Hilfe.
Gerade bin ich aus den USA zurückgekommen und höre, mein Freund Andreas ist tot! Schrecklich!
Ich war sofort bei der Polizei, und die hat gesagt, es war ein Unfall, aber ich glaube das nicht.
Da ist auch so eine Studentin ...
Ich habe einen Freund verloren und ich will wissen, warum. Was ist wirklich passiert?
Aus dem Internet habe ich die Adresse von Ihrer Detektei. Können Sie den Auftrag übernehmen? Finden Sie den Grund, warum er tot ist: Unfall, Selbstmord oder Mord?
Sie bekommen ein gutes Honorar.
Bitte rufen Sie mich bald an: 06221/7203817.
Hier noch der Artikel aus der Zeitung.

Vielen Dank und freundliche Grüße
Gerd Eisenbart

17 der Auftrag: eine Arbeit, eine Aufgabe bekommen
17 etwas übernehmen: die Arbeit für jemand machen
18 der Selbstmord: sich selbst das Leben nehmen
19 der Mord: jemand das Leben nehmen

„Lisa, was sagst du? Machen wir es oder machen wir es nicht?“
„Das klingt interessant“, sagt Elisabeth sofort.
„Ich weiß nicht …“ Markus ist nicht so sicher.
„Doch. Ich kann das gern übernehmen.“
„Na gut. Dann viel Spaß in Heidelberg. Aber – Lisa, pass auf dich auf!“
„Ja, großer Bruder!“
„Hier! Vergiss den Artikel nicht!“

Heidelberger Dozent tot

Nach einem anonymen Anruf fand man gestern den toten Dozenten Andreas M. am Schloss, unten vor der Scheffel-Terrasse.
Die Polizei geht nicht von einem Verbrechen aus, sondern von Selbstmord oder einem Unfall.
Kollegen und Studenten sind erschüttert. Die Universität Heidelberg hat einen durch seine Arbeiten wichtigen und sehr beliebten Mitarbeiter verloren.

11 anonym: die Person sagt nicht ihren Namen
11 fand ← finden
14 geht … aus: *hier:* glaubt an …
16 erschüttert: sehr traurig, schockiert
18 verloren ← verlieren

KAPITEL | 3

Im Zug nach Heidelberg fährt Elisabeth am Rhein entlang und freut sich über die schöne Landschaft mit ihren Burgen. Dabei denkt sie über den Auftrag nach und liest noch einmal den Artikel aus der Heidelberger Zeitung.
Typisch, denkt sie, wie in so einer Fernsehserie: Netter Dozent liebt Studentin, und am Ende kommt es automatisch zur Katastrophe.
Sie muss lachen: So einfach ist die Geschichte wahrscheinlich nicht – oder doch?

Im „Schiff-Restaurant" am Neckar ist das Treffen mit Gerd Eisenbart.

5 die Fernsehserie: Reihe von populären Sendungen im TV
7 die Katastrophe: schweres Unglück

Elisabeth findet das Schiff sofort und geht durch das Schiff hinauf auf das Deck. Oben sitzt ein Mann in schwarzem Hemd und liest die *New York Times* – so sollte sie ihn erkennen.

Sie begrüßen sich: „Guten Tag, Sie sind doch Professor Eisenbart, nicht?"

„Ja, das bin ich, aber lassen Sie den ‚Professor' weg. Sie sind sicher Frau Aumann aus Köln."

Ein sehr sympathischer Mann, denkt Elisabeth, der sieht wie ein Sportler aus, nicht wie ein Prof.

„Hatten Sie eine gute Reise? Sie sind schnell gekommen – das ist gut. Was möchten Sie trinken?"

Elisabeth schaut auf den Fluss, auf die schöne Stadt Heidelberg mit dem Schloss aus rotem Sandstein.

„Sehen Sie, wir waren oft hier, Andreas und ich. Das ist er – das heißt das war er", sagt Gerd Eisenbart traurig und zeigt ihr ein Foto von Andreas Möller.

2 das Deck: oberer Teil von einem Schiff

10 der Prof: in der Studentensprache für „Professor"

14 der Sandstein: rotes Baumaterial

„Der sieht aber jung aus – wie ein Student“, sagt sie sofort. „Ja, er war noch in der Mitte des Lebens und hatte noch viel vor – und dann das!“

„Sie glauben nicht an einen Unfall?“, fragt Elisabeth direkt. „Was war es dann?“

„Das weiß ich eben nicht. Und deshalb auch der Auftrag an Sie.“

„Sagen Sie: Denken Sie an etwas anderes, vielleicht an ein Verbrechen?“

„Das muss es sein“, antwortet er schnell.

„Haben Sie schon einen Verdacht?“

„Habe ich. Mein Instinkt, mein Gefühl sagt es mir.“ Und er erzählt Elisabeth von der Studentin am Tisch von Andreas und über das Gespräch mit ihm.

„Wer ist diese Frau?“, fragt Elisabeth.

„Ich kenne sie nicht. Ich habe sie nur einmal gesehen. Und da war dieses Tattoo auf ihrer Schulter – ein Skorpion.“

Er zeichnet das Bild auf die Zeitung. „So sieht er aus, glaube ich.“

„Gut. Also, jagen wir diesen Skorpion, finden wir ihn – dann wissen wir mehr. Irgendwo muss ja diese Skorpion-Frau sein!“

9 das Verbrechen: kriminelle Handlung

11 der Verdacht: man denkt: diese Person hat es getan

20 jagen: ich suche ein Tier und folge ihm, bis ich es finde

KAPITEL | 4

Gerd Eisenbart will jetzt Elisabeth alles Wichtige zeigen: Wo hat Andreas gelebt, wo hat er gearbeitet, was waren seine Lieblingsplätze? Da kann sie vielleicht interessante Hinweise finden.

Zuerst gehen sie hinauf zum Schloss, und von da aus zum Schlossgarten und zur Scheffel-Terrasse.

3 der Hinweis: Informationen zu einem Problem

„Hier war ich oft mit Andreas. Und, sehen Sie: Hier unten fand man ihn, da lag er – tot!“ Gerd ist traurig und hält die Hände vors Gesicht.

Elisabeth schaut sich die Mauer genau an, kann aber nichts Besonderes finden.

Dann gehen die beiden zur Polizei. Aber dort bekommen sie keine Auskunft – Datenschutz!

Und für die Polizei ist der Fall abgeschlossen.

„Wieder nichts! Was machen wir jetzt?“

„Herr Eisenbart, bringen Sie mich doch bitte an die Uni, an den Arbeitsplatz von Herrn Möller. Ich habe das Gefühl, hier liegt der Schlüssel.“

*

Eisenbart führt sie zum Germanistischen Seminar. Sie kommen ins Sekretariat, und Eisenbart spricht die Frau am Schreibtisch an.

„Guten Tag, Frau Hummel, wir kennen uns doch!“

„Ja natürlich, Sie sind doch Professor Eisenbart, der Freund von …“ Sie kann nicht weiter sprechen und schließt die Augen.

Auf ihrem Schreibtisch sieht Elisabeth das Bild von Andreas, mit einem schwarzen Band.

„Bitte, Frau Hummel, wir brauchen Ihre Hilfe. Das hier ist Frau Aumann, sie ist Detektivin aus Köln und soll mir

7 der Datenschutz: Recht einer Person: meine Daten sind sicher

8 der Fall: *hier:* ein kriminelles Problem

12 hier liegt der Schlüssel: hier finden wir die Lösung

14 das Sekretariat: hier arbeitet die Sekretärin

helfen. Ich will die Wahrheit über den Tod von Andreas erfahren."

„Warum ist er tot? Er war so ein guter Mensch!" Frau Hummel nimmt das Bild von Andreas in die Hand und weint.

„Frau Hummel, ich verstehe Sie", sagt Elisabeth leise. „Ich brauche aber Ihre Hilfe. Darf ich immer ins Seminar kommen und in eine Vorlesung gehen?"

„Ja natürlich, alles, was Sie wollen!"

Die beiden verabschieden sich und lassen eine traurige Frau zurück.

1 die Wahrheit: das ist wahr

2 etwas erfahren: eine Information bekommen

8 die Vorlesung: großer Vortrag zur Ausbildung von Studenten

KAPITEL | 5

Eine heiße Spur, das fehlt Elisabeth bis jetzt – vielleicht bei Andreas zu Hause? Als Nächstes fahren sie also zu seinem Haus. Es ist eine Villa am schönen und berühmten Philosophenweg.

Im Garten arbeitet eine Frau. Gerd Eisenbart spricht sie an, und sie erkennt ihn sofort.
Zuerst erklärt er ihr: „Ich war im Ausland, komme zurück und höre, dass Andreas tot ist!"
Ihr Gesicht bleibt hart und sie fragt nur kühl: „Es ist doch alles vorbei. Was möchten Sie hier?"

1 eine heiße Spur: eine deutliche Information für die Suche
3 die Villa: großes, schönes Haus von reichen Leuten

„Sehen Sie, ich glaube einfach nicht an einen Unfall. Deshalb suchen wir nach der Wahrheit, wir beide.“ Und er stellt Elisabeth vor.

Langsam öffnet sich die Frau: „Emma Burdenski, ich bin die Schwester von Andreas. Sie haben sicher Fragen, wie schon die Polizei und die Leute von der Zeitung, nicht wahr?“

„Stimmt. Können Sie uns bitte etwas über das Leben von Andreas erzählen, wer mit ihm zusammen war und so weiter. Geht das?“ Elisabeth will das Vertrauen von Frau Burdenski gewinnen.

„Naja, es war ein bewegtes Leben, er hatte ein ‚offenes Haus‘, zu ihm sind viele Leute gekommen, auch Studenten.“

„Eine bestimmte Person besonders oft?“ Jetzt kommt es, denkt Elisabeth.

„Ja richtig, da war immer wieder diese junge Frau, vielleicht eine Studentin. Die war auch mal über Nacht hier …“

„Wissen Sie ihren Namen?“, fragt Elisabeth sofort.

„Ich weiß nicht. Doch! – Karla Kuhn, Kahn, Kien oder so. Aber jetzt ist es genug. Gehen Sie bitte!“

Sie will nichts mehr sagen.

„Herr Eisenbart, das war aber sehr wichtig! Jetzt kann meine Suche richtig beginnen.“

Elisabeth ist wieder optimistisch und geht sofort zurück zur Universität.

9 das Vertrauen gewinnen: eine Person soll glauben, dass von mir nichts Schlechtes kommt

11 ein bewegtes Leben: *hier:* es war viel los

23 optimistisch sein: positiv in die Zukunft sehen

Vorlesung von Professor Lütgen zu dem Thema „Goethe und die Romantik".

Elisabeth sitzt im Hörsaal in der Reihe ganz oben. Von hier aus kann sie alles sehen.

Das Thema ist interessant, aber sie achtet nur auf die Studenten vor ihr.

Es ist Sommer, der Hörsaal ist warm, es gibt keine Klimaanlage. Die meisten Studenten sitzen da in leichter Sommerkleidung.

3 der Hörsaal: großer Raum in der Universität für Vorlesungen

7 die Klimaanlage: Apparat für Temperatur in einem Raum

„Wie kann ich diese Karla finden? Ist sie überhaupt da?" Sie wandert mit den Augen durch die Reihen.

Da ist sie! Sie sieht weiter unten eine Studentin mit einer kleinen Tätowierung auf der Schulter.

„Ist das ein Skorpion? Vielleicht habe ich Glück, und es ist diese Karla?"

Die Vorlesung ist zu Ende. Elisabeth läuft nach unten und spricht Karla an: „Hallo, dein Tattoo ist aber klasse – ein Skorpion!"

Karla Kühn lacht. „Hey, das ist mein Sternzeichen – und so bin ich: Ich kriege, was ich will – und wenn nicht, dann passiert was ..."

Komisch, was sie da über sich sagt, und dazu diese kalten Augen, denkt Elisabeth und sagt:

„Das hört sich ja gefährlich an ..."

Sie gehen zusammen weiter und Elisabeth fragt sie: „Sag mal, gehst du jetzt in die Mensa, zum Essen? Ich bin neu hier. Kannst du mich mitnehmen?"

„Na klar, gehen wir zusammen. Aber wer bist du eigentlich?" Karla schaut sie genau an.

„Ich bin Lisa."

„Und ich bin Karla. Machst du auch Germanistik?"

„Nein, aber vielleicht studiere ich das im nächsten Semester, so wie du." Die beiden verstehen sich ganz gut.

Elisabeth hat einen Plan.

„Du, Karla, ich habe einen Wunsch: Ich möchte gern mal aufs Schloss gehen, aber allein ist es zu langweilig. Hast du Lust?"

13 komisch: *hier:* etwas stimmt nicht, ist nicht normal

17 die Mensa: Restaurant für Studenten an der Universität

„O.K., gehen wir zusammen – gleich morgen?“
Das fängt ja gut an, denkt Elisabeth und ist sehr zufrieden.
„Prima! Treffen wir uns auf dem Karlsplatz, um fünf?“

*

Am Abend telefoniert sie mit Markus: „Du, ich habe diese Skorpion-Frau gefunden.“
„Toll! Gratuliere! Und wie geht es jetzt weiter?“
Markus will es genau wissen.
„Wir gehen morgen Nachmittag um fünf zusammen aufs Schloss.“
„Und wohin gehst du dann mit ihr? Doch nicht auf die Scheffel-Terrasse?“ Markus klingt nervös.
„Natürlich! Dort finde ich hoffentlich die Wahrheit.“
„Lisa, das ist verrückt! Genau dort ist das mit Andreas Möller passiert. Vorsicht! Du bist dann nicht das erste Opfer …“
„Bleib ruhig. Das ist unser Job – ohne Risiko geht's nicht. Mach's gut, ich sage dir später Bescheid.“
Markus hat eine schlimme Ahnung.

14 das Opfer: eine Person, der jemand etwas Schlimmes tut
15 das Risiko: es kann immer etwas passieren
17 die Ahnung: man fühlt, etwas wird passieren

KAPITEL | 7

Das wunderbare Heidelberger Schloss!
Karla Kühn führt Elisabeth durch das Schloss, auch zum Fass mit dem Zwerg Perkeo.

„Hier trinkt man viel Wein“, meint Elisabeth, „auch die Studenten und Professoren?“
„Nein, nicht alle. Ich trinke keinen Alkohol, ich mache viel Sport, vor allem Karate.“
„Karla, sag mal, das Schloss ist doch sehr romantisch, hat aber auch dunkle Ecken. Da kann auch etwas passieren.“
„Was denn?“, fragt Karla scharf.

2 führen: jemand den Weg zeigen und dabei mitnehmen
9 dunkle Ecken: dunkle, unangenehme Stellen

„Na, zum Beispiel diese Sache mit diesem Dr. Möller. Das war doch ein bisschen komisch."
„Wieso weißt du davon? Das war ein Unfall. Er hatte vielleicht zuviel Wein in sich", sagt Karla schnell.
„Und wo ist das passiert?", fragt Elisabeth.
„Komm mit, ich zeige es dir. Das war auf der Scheffel-Terrasse. Da hat man auch einen schönen Blick." Und Karla führt sie zur Terrasse – genau zum Tatort.

„Das war hier? Da ist er hinunter gefallen?", fragt Elisabeth neugierig.
„Ja, genau hier." Karla zeigt ihr die Stelle.
Woher weiß sie das so genau, fragt sich Elisabeth.

8 der Tatort: dort ist das Verbrechen passiert
9 hinunter gefallen: von der Mauer gefallen

Beide sehen einen wunderbaren Sonnenuntergang, das Heidelberger Schloss und unten die Stadt. Aber Elisabeth hat kein Auge dafür, sie schaut immer nur in die Tiefe.

Karla wird langsam nervös:

„Sag mal, Lisa: Warum redest du dauernd über diesen Möller? Warum interessiert er dich so?“

„Nur so, die Leute reden immer noch über ihn. Du hast doch diesen Möller auch gekannt.“

„Wer sagt das? Woher weißt du so viel?“ Karla wird misstrauisch. „Was soll das? Bist du von der Polizei?“

„Was? So was Dummes!“ Elisabeth muss lügen.

1 der Sonnenuntergang: wenn am Abend die Sonne weggeht

3 die Tiefe: tief unten

9 misstrauisch: sie fühlt, Elisabeth plant etwas gegen sie

Dann sagt sie etwas, halb im Spaß, halb im Ernst: „Karla, du, ich glaube, der Geist von Andreas ist noch hier."
Beide schweigen einen Moment.
Dann schreit Karla: „Andreas!! Immer nur Andreas! Hört das nicht mal auf? Weißt du eigentlich, wie das war?"
„Erzähle es mir doch!" Elisabeth geht etwas zurück.
Karla kommt ihr näher: „Wieso denn?"
Jetzt wird die Sache heiß, fühlt Elisabeth und fragt: „Karla, was war mit dir und Andreas Möller?"
„Was meinst du damit? Nichts war, gar nichts."
Elisabeth lässt nicht locker: „Professor Eisenbart hat dich mit ihm gesehen, auch seine Schwester, Emma Burdenski."
„Ach, diese dummen Leute! Die finden immer etwas, wenn sie wollen."
„Wart ihr ein Paar oder wart ihr nur Freunde?"
„Na und? Das ist doch meine Privatsache! Das geht niemand was an, dich auch nicht!" Karla wird laut.
Aber Elisabeth fragt immer weiter: „Karla, das hier ist doch ein sehr romantischer Ort. Warst du nicht mit Andreas hier?"
„Doch", sagt sie leise, „er war ja auch ein sehr netter Mann."
„Und er hat dir geholfen, oder?"
Karla antwortet sehr unfreundlich: „Gut, er hat mir geholfen, bei meiner Examensarbeit ..."

2 der Geist von Andreas: der tote Andreas ist bei ihnen

3 schweigen: nichts sagen

11 lässt nicht locker: macht weiter, lässt sie nicht frei

Elisabeth korrigiert sie: „Du meinst, er hat deine Examensarbeit geschrieben, oder?“
„Lisa, du verstehst nichts. Lass diese Fragen!“

KAPITEL | 8

Skorpion-Frau, jetzt kriege ich dich, denkt Elisabeth und stellt die wichtigste Frage:

„Das ist ja alles gut und schön – aber was war dann am 6. Juni?“

Karla sieht sich um. Kein Mensch kann zuhören.

Und langsam wird es dunkel.

„Du willst also genau wissen, wie es war? Na gut.“

Elisabeth fühlt, es wird jetzt gefährlich. Aber sie ist kurz vor dem Ziel.

„Kann man das nicht verstehen? Wir waren zusammen, Andreas hat die Arbeit für mich geschrieben und alles war gut.“

„Und dann?“ Jetzt muss es kommen, denkt Elisabeth.

„Dann waren wir hier oben. Es war ein Abend wie jetzt. Aber ich musste ihm etwas Wichtiges sagen: ‚Andreas, es war eine schöne Zeit mit dir, und ich danke dir für deine Hilfe. Bitte verstehe: Ich möchte wieder frei sein – und da ist auch ein anderer Mann. Wir können doch Freunde bleiben!‘“

„Das war ziemlich hart für Andreas, denke ich."
„Was weißt du schon?" Wütend erzählt jetzt Karla alles:
„Hör gut zu! Ich sehe noch alles genau:
Erst ist der Mann ganz still, dann wird er richtig böse. Und er sagt, ich habe ihn nur benutzt …"
„Stimmt ja auch", ergänzt Elisabeth.
„Das Schlimmste kommt noch: Er sagt, meine Arbeit, die ist jetzt nur noch Müll! Denn morgen will er Professor Lütgen informieren und so weiter. Es war schrecklich! – Er wollte mich verraten!"
„Und dann?"
Plötzlich springt er auf die Mauer und schreit: „Karla, diese böse Frau, dieser Skorpion, diese Skorpion-Frau, ist eine Schwindlerin. Vorsicht! …"
„Und du bist wütend und stößt ihn hinunter?"

2 wütend: starkes Gefühl von Ärger
10 verraten: etwas offen sagen, was unbekannt bleiben soll
14 der Schwindler, die Schwindlerin: lügt und arbeitet mit falschen Tricks
15 stößt ← stoßen: stark und schnell gegen jemand drücken

Karla lacht laut und böse: „Das war ganz leicht. Zack, und weg war er – und alle Probleme.“
„Karla! Du hast ihn also getötet?“
Ganz dunkel ist es jetzt, nur die Lichter der Stadt kann man unten sehen. Elisabeth friert auf einmal.
Karla kommt langsam näher. Elisabeth geht zurück, hinter ihr ist nur noch die Mauer.
„Na, Lisa, du weißt jetzt viel, zu viel! Das ist nicht gut für mich.“
„Was hast du vor?“ Elisabeth hat plötzlich Angst.
„Willst du probieren, wie das war – mit Andreas?“
Elisabeth fühlt die starken Hände von Karla an ihrem Hals und ihren Schultern.

1 Zack!: Wort für eine Handlung, die sehr schnell geht

3 getötet ← töten: jemand das Leben nehmen

5 friert ← frieren: es ist ihr kalt

„Willst du auch fliegen?"
Sie will Elisabeth über die Mauer drücken, aber die Detektivin ist auch nicht schwach. Ein harter Kampf beginnt.
Auf einmal hören sie etwas – Stimmen! Da sind noch andere Menschen!
Langsam kommen sie näher. Man hört es, es ist eine Gruppe von fröhlichen Menschen, wahrscheinlich aus dem Schloss-Restaurant. Und sie kommen direkt zur Terrasse.
Karla lässt Elisabeth los und zischt: „Das ist noch nicht vorbei – ich finde dich!"
Dann verschwindet sie im Dunkeln.

3 der Kampf: jeder will mit seinem Körper stärker sein
4 die Stimme: man hört jemand sprechen oder singen
9 zischen: scharfe Stimme, wie von einer Schlange
11 verschwinden: plötzlich ist jemand oder etwas nicht mehr da

KAPITEL | 9

Elisabeth steht an der Mauer und zittert. Da kommt die Gruppe zu ihr: Jüngere und Ältere, die lachen und singen. „Nanu, was machen Sie denn hier?" Ein Mann aus der Gruppe spricht sie an. „Eine junge Frau, hier in der Nacht – das ist doch gefährlich."
Eine Frau fragt: „Was wollten Sie hier machen, ganz allein? Sie wollten doch nicht etwa ..."
„Nein, nein, im Gegenteil – es ist doch so schön, hier oben, auch in der Nacht", erklärt Elisabeth.
„Aber – kann ich mit Ihnen mitgehen, wenn Sie in die Stadt hinunter gehen?"
„Ja, natürlich, willkommen! Aber erst singen wir noch unser Lied."
Zusammen singen sie „Alt Heidelberg, du feine ..."
Und das tut Elisabeth sehr gut.

*

Der Weg nach unten ist etwas schwierig, aber sie haben Taschenlampen dabei. In der Gruppe fühlt sie sich sicher. Denn – Karla kann immer noch in der Nähe sein.
Unten in der Stadt, zwischen den vielen Menschen, fällt der Stress langsam von ihr ab.
Sie ruft sofort Gerd Eisenbart an, und er möchte sie gleich treffen. Sie soll ins Gasthaus „Goldener Hecht" kommen, in ein schönes, altes Lokal, und dort auf ihn warten.

1 zittern: vor Angst oder Kälte den Körper nervös bewegen
17 die Taschenlampe: kleine Lampe mit Batterie

Da sitzt sie und fühlt sich in der freundlichen, warmen Atmosphäre wie zu Hause.
Jetzt ist sie auch wieder ruhiger und ruft Markus an. Der ist sehr aufgeregt: „Also, du bist nicht verletzt! Bin ich froh! Komm bitte bald zurück!"

4 aufgeregt: sehr unruhig und nervös

Da kommt auch schon Gerd Eisenbart: „Guten Abend, Frau Aumann! Willkommen im Lieblingslokal von Andreas. Aber – geht es Ihnen gut? Was ist passiert?“
Elisabeth erzählt ihm die ganze Geschichte mit Karla Kühn auf dem Schloss.
Er ist sprachlos: „Sie haben den Fall wirklich gelöst! Und Sie haben Mut! Aber das Wichtigste ist: Ihnen ist nichts passiert!“
Er schüttelt ihr die Hände. „Ich danke Ihnen!“
„Was machen wir jetzt mit dem Fall Karla Kühn?“ Elisabeth hat jetzt wieder einen kühlen Kopf.
„Sie schreiben mir genau auf, was passiert ist und was Frau Kühn sagte. Damit gehe ich morgen zur Polizei. Wir haben Sie ja als Zeugin. Die Polizei muss den Fall neu aufrollen und die Kühn suchen“, erklärt Gerd Eisenbart.
„Aber das Wichtige für mich ist: Die Wahrheit ist durch Sie ans Licht gekommen.
Und mein Freund kann jetzt seine Ruhe finden.“

Von Karla Kühn hat man nie mehr etwas gehört, noch hat man sie in Heidelberg wieder gesehen.

Ende

6 sprachlos: ihm fehlen im Moment die Worte
7 Mut haben: keine Angst haben
9 die Hände schütteln: die Hände geben, wenn man gratuliert
14 der Zeuge, die Zeugin: etwas sehen oder hören, was für die Polizei wichtig ist
14 den Fall neu aufrollen: noch einmal den Fall untersuchen

LANDESKUNDE HEIDELBERG

Teil A

Heidelberg-Lied
Alt Heidelberg, du feine,
du Stadt an Ehren reich,
am Neckar und am Rheine
kein' andre kommt dir gleich …
Victor von Scheffel

Die Altstadt von Heidelberg
Kneipen und Cafés – traditionell und modern für Studenten, Professoren und Touristen.

Teil B

Heidelberger Spezialität
„Heidelberger Studentenkuss“,
eine Süßigkeit mit Nougat und Schokolade nach altem Rezept.

Teil C

Der Philosophenweg
Auf dem berühmten Weg gegenüber dem Schloss gingen Philosophen wie Gadamer, Weber, Jaspers und viele Dichter wie Hölderlin, Eichendorff und Goethe – für ihn war Heidelberg ein magischer Ort. Auch heute noch ist er ein romantischer Weg für Studenten – und für Liebende.

Teil D

Das Heidelberger Schloss
Eine romantische Schloss-Ruine, direkt über der Altstadt, in aller Welt berühmt. Dort steht auch das große Heidelberger Fass mit dem Zwerg „Perkeo".

Teil E

Heidelberger Kultur
Die wichtigsten Festivals und Kulturtage sind: der Heidelberger Frühling, die Heidelberger Literaturtage, die Schlossfestspiele – für Jung und Alt. Im Juni und Juli gibt es ein großes Fest mit Feuerwerk und Schlossbeleuchtung.

ÜBUNGEN

Kapitel 1

Ü 1 Wo spielt die Geschichte?

In ....

Ü 2 Karla braucht die Hilfe von Andreas.

Sie muss eine .... schreiben.

Ü 3 Welche Probleme sieht Gerd Eisenbart?

1. Andreas hilft Karla bei der Arbeit. ❑
2. Karla ist gegen die Freundschaft mit Gerd. ❑
3. Andreas und Karla sind sehr gute Freunde. ❑
4. Karla ist vielleicht ein gefährlicher Skorpion. ❑

Ü 4 „Mach dir keine Sorgen." Was meint Andreas damit?

a. Bitte sei nicht traurig!
b. Keine Angst! Mir passiert nichts.
c. Du musst mir nicht helfen. Alles ist klar.

Kapitel 2

Ü 1 Welchen Job haben Elisabeth und Markus?

Sie sind ....

Ü 2 Warum will Gerd Eisenbart die Hilfe von SIRIUS?

a. Er braucht Hilfe, denn die Polizei sagt nichts.
b. Er will wissen: Was ist mit Andreas passiert?
c. Er hat einen Auftrag von Andreas und weiß nicht warum.

Ü 3 Was bekommt die Detektei außer der E-Mail?

Einen .... aus der Heidelberger Zeitung.

Kapitel 3

Ü 1 Was denkt Elisabeth auf der Fahrt nach Heidelberg? Was ist richtig?

	richtig	falsch
1. Eine Geschichte wie in einer Fernsehserie.	❑	❑
2. Ein Dozent liebt eine Studentin.	❑	❑
3. Die Geschichte ist klar und einfach.	❑	❑
4. Der Artikel in der Zeitung stimmt nicht.	❑	❑

Ü 2 Welche Aussagen über Andreas sind falsch?

a. Andreas hat die *New York Times* gelesen.
b. Er war noch nicht alt.
c. Er war sehr sportlich.
d. Er hatte noch viele Pläne.
e. Er wollte ein Student sein.

Ü 3 Gerd Eisenbart glaubt nicht an einen Unfall,
sondern an ein ....

Ü 4 Wen will Elisabeth jetzt suchen?

....

Kapitel 4

Ü 1 Was machen Elisabeth und Gerd Eisenbart? Wie ist die richtige Reihenfolge?

a. Sie gehen zur Polizei.	☐
b. Zuerst gehen sie hinauf zum Schloss.	1
c. Dort gehen sie ins Germanistische Seminar.	☐
d. Dann gehen sie zur Scheffel-Terrasse.	☐
e. Jetzt gehen sie zur Universität.	☐

Ü 2 Hat Elisabeth schon Erfolg bei ihrer Suche?

	ja	nein
1. Findet sie etwas an der Scheffel-Terrasse?	❏	❏
2. Bekommt sie Infos von der Polizei?	❏	❏
3. Bekommt sie Hilfe von Frau Hummel?	❏	❏
4. Findet sie jetzt schon diese Karla?	❏	❏

Kapitel 5

Ü 1 Was erzählt Frau Burdenski? Was ist richtig?

	richtig	falsch
1. Andreas hatte ein interessantes Leben.	❏	❏
2. Die Polizei hat mich nicht gefragt.	❏	❏
3. Andreas hat immer viele Leute eingeladen.	❏	❏
4. Eine junge Frau war auch da.	❏	❏
5. Andreas war oft nicht zu Hause.	❏	❏
6. Den Namen von dieser Studentin weiß ich nicht genau.	❏	❏

Ü2 Elisabeth wollte Frau Burdenski noch mehr fragen. Welche Fragen waren das vielleicht?

– Wann war Karla das letzte Mal hier?
– .... ?

Kapitel 6

Ü1 Wo findet Elisabeth die Skorpion-Frau?

Elisabeth findet sie im / in der ....

Ü2 Was sagt Karla Kühn über sich selbst?

Ich kriege, ...

Ü3 Elisabeth will mit Karla in Kontakt kommen. Was tut sie dafür?

	richtig	falsch
1. Sie geht mit ihr zum Essen.	❑	❑
2. Sie sagt, sie will mit Karla zusammen studieren.	❑	❑
3. Sie möchte mit Karla aufs Schloss gehen.	❑	❑
4. Sie holt sich Hilfe von Markus.	❑	❑

Ü4 Welchen Plan hat Elisabeth? Was passt zusammen?

1. Karla zeigt vielleicht,	a. und hilft Elisabeth.
2. Elisabeth merkt,	b. wo es passiert ist.
3. Karla erzählt vielleicht,	c. wenn Karla lügt.
4. Karla macht vielleicht einen Fehler	d. was passiert ist.

Ü 5 „Lisa, das ist verrückt!" Was meint Markus damit?

a. Das ist eine zu schwere Aufgabe.
b. Das ist eine gefährliche Idee.
c. Lass das! Das ist nicht nötig.

Kapitel 7

Ü 1 Was passiert auf dem Schloss, auf der Scheffel-Terrasse?

	ja	nein
1. Karla führt Elisabeth durch das Schloss.	❑	❑
2. Karla sagt, Andreas hatte einen Unfall.	❑	❑
3. Karla und Elisabeth trinken zusammen ein Glas Wein.	❑	❑
4. Karla führt Elisabeth nicht zum Tatort.	❑	❑
5. Karla wird misstrauisch, denn Elisabeth weiß vielleicht zuviel.	❑	❑
6. Karla denkt, Elisabeth arbeitet für die Polizei.	❑	❑
7. Elisabeth glaubt, der Geist von Andreas ist da.	❑	❑
8. Karla lügt und sagt, sie waren nie da.	❑	❑
9. Die Fragen von Elisabeth machen Karla nervös.	❑	❑

Ü 2 „Karla, was war mit dir und Andreas?"
Was meint Elisabeth mit dieser Frage?

a. Was ist mit euch passiert?
b. War Andreas Möller mit dir hier?
c. Wart ihr Freunde oder sogar ein Paar?

Kapitel 8

Ü 1 Elisabeth stellt Karla die wichtigste Frage:
Was war am .... ?

Ü 2 Warum wollte Karla mit Andreas Schluss machen? Was ist richtig?

	richtig	falsch
1. Es war langweilig mit ihm.	❑	❑
2. Die Arbeit war fertig, sie brauchte ihn nicht mehr.	❑	❑
3. Sie hatte einen neuen Freund.	❑	❑
4. Er war zu alt für sie.	❑	❑

Ü 3 Andreas will Karla verraten. Da stößt sie ihn
....

Ü 4 Warum hat Elisabeth plötzlich Angst?
Karla will sie .... !

Ü 5 Am Ende ist Elisabeth gerettet, denn
man hört, da kommen ....

Kapitel 9

Ü 1 Warum will Elisabeth mit der Gruppe gehen?

	richtig	falsch
1. Diese netten Leute singen so schön.	❑	❑
2. Mit ihnen zusammen fühlt sie sich sicher.	❑	❑
3. Es ist Nacht und sie hat keine Lampe.	❑	❑

Ü2 Wo soll sie Gerd Eisenbart treffen?

a. im „Roten Ochsen“
b. im „Vater Rhein“
c. im „Güldenen Schaf“
d. im „Goldenen Hecht“

Ü3 Wie fühlt sich Elisabeth jetzt? Was denken Sie?

a. schlecht
b. ruhig
c. fröhlich
d. nervös
e. traurig
f. gut
g. zufrieden

Ü4 Ergänzen Sie die Lücken.

Gerd Eisenbart ist Elisabeth dankbar, denn sie hat den Fall ....
Elisabeth soll genau .... , was passiert ist.
Die Polizei soll dann Karla Kühn ....
Die Wahrheit ist ans Licht .... und Andreas kann jetzt seine Ruhe ....

Kapitel 1–9

Ü 1 Welche Zusammenfassungen sind richtig?

A Gerd Eisenbart hat den Fall gelöst. Eine Detektivin war auch dabei.

B Eine Detektivin hat den Fall gelöst, aber es war sehr gefährlich.

C Eine Detektivin hat der Polizei geholfen und hat die Täterin gefunden.

D Eine Freundin und ich haben die Wahrheit gefunden, aber es war nicht leicht.

Ü 2 Tragen Sie die Antworten in die Kästchen ein. Wie heißt das Lösungswort?

Lösungswort:

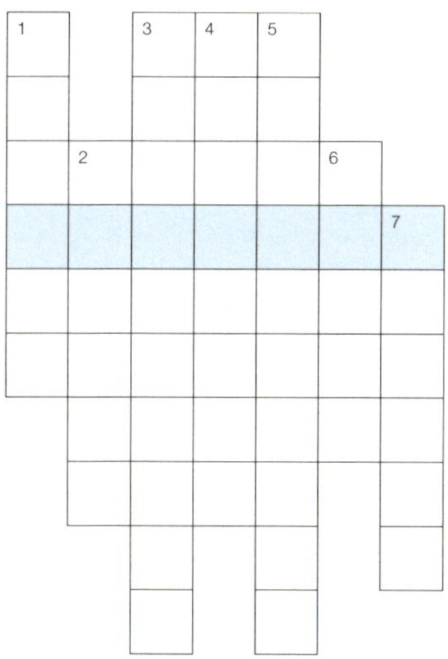

1. Der Familienname von Elisabeth ist … .
2. Die Polizei denkt, es war nur ein … .
3. Der Krimi spielt in der Stadt … .
4. Ein kleines, aber gefährliches Tier ist der … .

5. Elisabeth ist von Beruf … .
6. Zwischen Karla und Elisabeth beginnt ein harter … .
7. Gerd Eisenbart und Elisabeth treffen sich zuerst auf einem … .

Ü 3 Was macht Karla jetzt? Was denken Sie?

a. Sie ist irgendwo im Ausland.
b. Sie ist in Heidelberg, aber sie studiert nicht mehr.
c. Sie ist tot.
d. Sie hat einen neuen Namen.
f. ....

LÖSUNGEN

Kapitel 1
Ü1 Heidelberg
Ü2 Examensarbeit
Ü3 1, 3, 4
Ü4 b

Kapitel 2
Ü1 Detektive
Ü2 b
Ü3 Artikel

Kapitel 3
Ü1 richtig: 1, 2
Ü2 a, c, e
Ü3 Verbrechen
Ü4 die Skorpion-Frau/
die Studentin

Kapitel 4
Ü1 1b, 2d, 3a, 4e, 5c
Ü2 ja: 3
nein: 1, 2, 4

Kapitel 5
Ü1 richtig: 1, 3, 4, 6
Ü2 *Ihre Idee*

Kapitel 6
Ü1 im Hörsaal/in der Vorlesung
Ü2 was ich will
Ü3 richtig: 1, 3
Ü4 1b, 2c, 3d, 4a
Ü5 b

Kapitel 7
Ü1 ja: 1, 2, 5, 6, 7, 9
nein: 3, 4, 8
Ü2 c

Kapitel 8
Ü1 6. Juni
Ü2 richtig: 2, 3
Ü3 hinunter/über die Mauer
Ü4 über die Mauer drücken/
hinunterstoßen
Ü5 Menschen/Leute

Kapitel 9
Ü1 richtig: 2
Ü2 d
Ü3 *Ihre Meinung*
Ü4 gelöst, erzählen, suchen,
gekommen, finden

Kapitel 1–9
Ü1 A, B und *Ihre Idee*
Ü2 1. Aumann
2. Unfall
3. Heidelberg
4. Skorpion
5. Detektivin
6. Kampf
7. Schiff
Lösungswort: Andreas
Ü3 *Ihre Idee*

Track	Titel
1	Nutzerhinweise, Copyright
2	Personen
3	Kapitel 1
4	Kapitel 2
5	Kapitel 3
6	Kapitel 4
7	Kapitel 5
8	Kapitel 6
9	Kapitel 7
10	Kapitel 8
11	Kapitel 9

DIE SKORPION-FRAU

LIEBE UND TOD IN HEIDELBERG

Gelesen von Denis Abrahams

Regie: Kerstin Reisz
Christian Schmitz
Toningenieur: Pascal Thinius
Studio: Clarity Studio Berlin